Friedl Hofbauer

Sagen aus Niederösterreich

Friedl Hofbauer

SAGEN aus Niederösterreich

Bilder von Dominic Groebner

öbv & hpt

Wir danken dem Benediktinerkloster Stift Melk für Informationen zum heiligen Koloman aus dem Katalog der Jubiläumsausstellung im Stift Melk 1989 „900 Jahre Benediktiner in Melk“, Melk 1989, S. 159-160.

Die Sagen „Das Mittagsgespenst“ und „Die Rache der Franzosen“ sind in dem Buch „Geister, Teufel, Halsabschneider“ von Friedl Hofbauer und Franz Sales Sklenitzka im Niederösterreichischen Pressehaus erschienen. Der Abdruck erfolgt mit freundlicher Genehmigung des Verlags.

.KUNST bundeskanzleramt

Die Reihe „Sagen aus Österreich“ wird gefördert vom Bundeskanzleramt, Kunstsektion.

1. Auflage 2000 (1,00)

ISBN 3-209-**03124-X**
www.oebvhpt.at

Druck: Druckerei Theiss GmbH, A-9400 Wolfsberg
Papier: Eos federleicht 120g

Inhalt

Der Rattenfänger von Korneuburg

Ratten sind kluge Tiere. Sie lassen sich nicht leicht erwischen. Sie wissen, wo ihnen Gefahr droht, und teilen es den andern Ratten mit. Und sie sind sehr fruchtbar. Eine einzige Ratte bekommt mehrmals im Jahr bis zu zwanzig Junge, und die können, sobald sie drei Monate alt sind, auch schon Junge bekommen.

In früheren Jahren gab es noch viel mehr Ratten als heute. Damals gab es keine Müllabfuhr und keine Kanäle, alle Abwässer und alle Abfälle wurden aus den Häusern auf die Straße und in die Höfe geschüttet. Die Ratten fanden dort, was sie zum Leben brauchten. Sie kamen auch in die Keller und in die Küchen. In manchen Jahren waren es so viele Ratten, dass die Menschen sich nicht mehr zu helfen wussten.

In einem solchen schrecklichen Rattenjahr geschah es, dass der Bürgermeister von Korneuburg austrommeln ließ, es möge sich ein Rattenfänger melden, der das Städtchen von der Rattenplage befreien könne.

Ein Rattenfänger bot sich an, alle Ratten zu vertreiben, und erkundigte sich, wie hoch die Belohnung sei. Der Bürgermeister versprach dem Rattenfänger hundert Goldstücke.

„Gut“, sagte der Rattenfänger. Er holte eine

schwarze Flöte aus seinem Wams und wanderte durch die Stadt Korneuburg. Er ging durch alle Gassen und Gässchen und flötete ein Lied für die Ratten. Er flötete in jeden Hausflur hinein, in jedes Kellerfenster. Er ging um jeden Abfallhaufen herum und flötete. Er ging in die Scheunen, stieg die Treppen in die Weinkeller hinunter und flötete in hohen und schrillen Tönen. Und die Ratten kamen gelaufen und gesprungen. Der Rattenfänger zog durch das ganze Städtchen Korneuburg, und die Ratten folgten ihm.

Der Rattenfänger ging zur Donau und stieg dort ins Wasser. Bis zu den Schäften seiner hohen Stiefel stand er im Donauwasser und flötete.

Die Ratten stürzten sich in den Fluss und schwammen auf ihn zu. Alle wurden sie von der Strömung in die Donau hinausgezogen und fortgeschwemmt.

Der Rattenfänger blies so lange auf seiner Flöte, bis die letzte Ratte stromabwärts verschwunden war. Dann kehrte er zurück zum Bürgermeister.

„Ihr habt gute Arbeit geleistet“, sagte der Bürgermeister. „Freilich, Gold ist sie nicht wert. Ein paar Kupfermünzen werden es auch tun.“

Der Rattenfänger aber forderte den versprochenen Lohn.

„Für das bisschen Geflöte?“, fragte der Bürgermeister. „Noch dazu habt Ihr so scheußliche Töne geblasen, dass mir jetzt noch die Ohren davon wehtun."

„Den Ratten gefällt mein Spiel", antwortete der Rattenfänger. „Ich bin ein Meister im Rattenfang. Ihr müsst mir bezahlen, was Ihr mir versprochen habt."

Der Bürgermeister zählte ein paar Kupferstücke aus seinem Geldbeutel, drückte sie dem Rattenfänger in die Hand und sagte:

„Und jetzt verschwindet, sonst lass ich Euch vom Büttel aus der Stadt jagen."

In den Augen des Rattenfängers funkelte es zornig, aber er blieb ruhig, legte das Kupfergeld auf den Tisch des Bürgermeisters und sagte leise:

„Hütet Euch!"

Dann ging er.

Wenige Wochen später kam ein Schiff die Donau heraufgefahren und warf vor Korneuburg Anker. Es war ein prächtiges, buntes Schiff voller fröhlicher Wimpel. Heraus stieg ein Musikant in einem roten Samtwams mit geschlitzten Ärmeln und in seidenen Hosen. Auf dem Kopf trug er ein mit Reiherfedern geschmücktes Barett. Der Mann ging in die Stadt hinein und durch alle Straßen, Gassen und Gässchen und blies auf einer goldenen Flöte. Es klang so lustig und traurig zugleich, dass alle Fenster aufflogen und alle Bewohner der Stadt den Kopf herausstreckten, um den wundersamen

Tönen zu lauschen. Aus allen Häusern, aus allen Höfen aber kamen die Kinder gelaufen: Buben und Mädchen, und viele trugen ihre kleineren Geschwister, die noch nicht laufen konnten, auf dem Arm. Alle folgten sie dem Musikanten, der durch die Straßen Korneuburgs zog. Die Erwachsenen an den Fenstern schauten und lauschten, aber sie waren wie gebannt und konnten sich nicht regen, nur staunen.

Der Musikant mit der goldenen Flöte ging zur Donau hinunter, und alle Kinder von Korneuburg liefen hinter ihm her. Er bestieg das wimpelgeschmückte Schiff, und die Kinder folgten ihm. Als alle eingestiegen waren, wurde der Anker gelichtet und das Schiff fuhr die Donau hinunter.

Als es in der Ferne verschwunden war, kam noch ein Kind gelaufen, das nur rasch sein Jäckchen hatte holen wollen. Und noch ein Kind blieb zurück, das hatte nichts von der zauberischen Melodie vernommen, weil es taub war.

Die Kinder auf dem Schiff kamen nicht wieder. Es heißt, dass der Musikant mit der goldenen Flöte der Rattenfänger gewesen war und dass er die Kinder um genauso viel Gold verkauft hat, wie ihm vom Bürgermeister von Korneuburg versprochen worden und dann vorenthalten worden war.

Das Zoderwascherl

In den Nächten zwischen dem Weihnachts- und dem Dreikönigstag, den Raunächten, zieht die Percht durchs Land. Manchmal sieht sie aus wie eine in Lumpen und Fetzen gekleidete alte Frau mit einer langen Nase, und manchmal sieht sie wie eine in Pelzchen gehüllte feine Dame aus - auch mit einer langen Nase. Ob sie nun alt ist oder jung - am Abend vor dem Dreikönigstag laufen ihr in einer langen Reihe frierend und im bloßen Hemdchen die Seelen der kleinen Kinder nach, die gestorben sind, ohne vorher einen Namen bekommen zu haben.

Einmal ging in der Nähe von Ybbs ein Knecht am Abend vor Dreikönig durch den Wald nachhause und sah die Percht vorüberziehen. Hinter ihr drein liefen in einer langen Reihe die namenlosen Kindlein im bloßen Hemdchen und zitterten vor Kälte. Der Knecht versteckte sich hinter einem dichten Strauch, um den Zug vorübergehen zu lassen, und sah, dass das letzte Kindchen mit einem Hemdzipfel an dem Strauch hängen geblieben war und sich nicht losmachen konnte. Da trat er hervor und sagte mitleidig zu dem Kindchen: „Wart, ich helf dir, du armes Zoderwascherl!“, und machte das Hemdlein von dem Zweig los.

Das Kindchen wurde rosig vor Freude und fror

kein bisschen mehr, und es sagte zu ihm: „Du hast mir einen Namen gegeben! Jetzt bin ich erlöst!“, und verschwand vor seinen Augen.

Das musste die Percht gehört haben. Sie kam windschnell dahergeflogen und gab dem Knecht eine solche Ohrfeige, dass der Abdruck ihrer Hand wie ein rotes Feuermal auf seiner Wange blieb, und dazu schrie sie: „Du hast mir das Kind weggenommen! Weißt du nicht, dass alle namenlosen Kinder mir gehören? Du hast mir eins weggenommen, weil du ihm einen Namen gegeben hast!“, und schon flog sie wieder fort und die übrigen namenlosen Kindlein stolperten ihr nach.

Nun war es in vielen Häusern Brauch, dass in der Dreikönigsnacht die Bäuerinnen eine große Schüssel Milch mit Semmelbrocken darin in der guten Stube auf den Tisch stellten. Die war für die Percht und ihre Kinderschar bestimmt. Aber die Bäuerinnen verließen die Stube gleich wieder, und niemand durfte sie betreten, bevor die Percht mit den Kindern gekommen war, die Milch getrunken und die Stube wieder verlassen hatte. Als diesmal der Knecht nach seinem Erlebnis im Wald nachhause kam, konnte er nicht anders, als in die Stube gehen, um die Percht zu belauschen. Er versteckte sich hinter dem Ofen und wartete.

Als dann die Percht kam, schnupperte sie zuerst überall herum, ob sie vielleicht irgendwo Staub röche, aber sie fand keinen und setzte sich mit den Kindlein zum Essen an den Tisch.

Plötzlich sagte eines der Kleinen: „Es leuchten zwei Lichter hinterm Ofen hervor!“

Die Percht schaute das Kindchen streng an und erwiderte: „Dann lauf hin und lösch sie aus.“

Da lief das Kind hin und blies die beiden Lichter aus, und der Knecht fing an zu jammern. Das Kleine hatte ihm auf das Geheiß der Frau Percht das Augenlicht ausgeblasen.

Verzweifelt ging der Knecht zum Pfarrer und bat ihn um Rat, und dieser sagte: „Ich weiß keinen Rat als den: Du musst dich nächstes Jahr wieder hinter den Ofen setzen. Vielleicht gibt dir die Percht dein Augenlicht zurück. Sie ist ein seltsames Wesen und ganz gewiss eine Heidin. Sonst würde sie wohl nicht die ungetauften Kinder hinter sich herziehen.“

In der nächsten Dreikönigsnacht saß der blind gewordene Knecht hinter dem Ofen, und die Percht kam mit ihren Kindlein in die gute Stube, um die Semmelmilch zu verzehren. Diesmal sagte das Kindlein: „Heute brennen aber keine Lichter hinter dem Ofen!“

„Dann zünd welche an!“, sagte die Percht, und das Kindchen nahm eine Kerze vom Tisch und leuchtete in die blinden Augen des Knechts hinein, und ab jetzt konnte er wieder sehen.

Der Schatz in der Heunenburg

Im Schlossberg bei Hainburg wohnte einmal ein Gespenst. Auf dem Schlossberg stand damals eine Grenzburg gegen die Hunnen. Es gab immer wieder Kämpfe dort, denen die alte Burg standhielt, bis sie dann im letzten Türkenkrieg von den Türken zerstört wurde.

Als die Heunenburg, wie sie hieß, noch auf dem Schlossberg thronte, erschien das Gespenst einmal im Jahr, zu Fronleichnam. Der Schlossberg spaltete sich dann, und aus einer eisernen Tür trat ein Gerippe. Es hatte einen weiten, himmelblauen Mantel an und trug auf seinem Schädel einen altertümlichen Helm. Seine Knochenfinger hielten kein Schwert, sondern ein Buch. Mit dem Buch in seinen Knochenhänden machte das Gespenst einmal die Runde um den Schlossberg, und wer ihm begegnete, hieß es, müsste sterben.

Bis zu der Rückkehr des Gespensts stand die eiserne Tür im Berg offen. Drinnen war alles voll von Gold und Edelsteinen. Solange das Gespenst noch um den Berg wanderte, durfte jeder durch die offene Tür hineinschlüpfen und sich Schätze holen, so viele er tragen konnte. Wenn es jedoch zurückgekehrt und hineingegangen war, schloss der Berg sich wieder für ein ganzes Jahr.

Eine arme Frau ging jedes Jahr mit ihrem klei-

nen Kind zur Fronleichnamsprozession nach Hainburg. Einmal aber verspätete sie sich, und als sie an dem Schlossberg vorüberging, war die eiserne Tür offen und der Geist war nicht zu sehen.

Die arme Frau lief hin, denn sie wollte wissen, ob es im Berg wirklich einen Schatz gab.

Sie blickte durch die offene Tür hinein und wurde von dem Glitzern und Gleißen all der Schätze geblendet. „Nur eine Schürze voll will ich davon heimnehmen!“, dachte sie. „Dann wird es mein Kind sein Lebtag gut haben!“

Sie lief mit dem Kind durch die Eisentür ins Innere des Berges und setzte das Kind auf einem Haufen von Edelsteinen nieder, damit es mit den bunten Steinchen spielen könne, solange sie ihre Schürze füllte. Die arme Frau stand vor einem Berg von Schätzen und füllte Gold und Edelsteine in ihre Schürze, da sah sie das schreckliche Gespenst zurückkommen und sah, wie die Eisentür langsam zuging. Da hielt sie ihre Schürze fest und sprang im letzten Augenblick ins Freie, und hinter ihr schloss sich die eiserne Tür.

Als sie nun wieder im Licht der Sonne stand, erschrak sie fast zu Tode, weil ihr das Kind einfiel, das sie auf dem Haufen von Edelsteinen zurückgelassen hatte. Sie sprang zurück, aber die eiserne Tür war verschwunden und der Berg war verschlossen und nur Gras und Büsche und Felsen standen auf dem Hang. Was halfen ihr jetzt Gold und Edelsteine!

An diesem Tag ging die arme Frau nicht mehr nach Hainburg, sondern gleich nachhause. Dort leerte sie ihre Schürze in einen Korb und stellte ihn unter ihre Bettstatt und vergaß ihn von da ab ganz und gar. Ihr einziger Trost war der Gedanke, sie könnte nächstes Jahr zu Fronleichnam die Eisentür wieder offen finden, in die Höhle schlüpfen und ihr armes totes Kind herausholen und begraben.

Im nächsten Jahr fand sie tatsächlich die eiserne Tür im Berg wieder offen. Sie lief weinend hinein, um ihr totes Kind zu holen, aber da saß es mitten auf einem Berg aus bunten Edelsteinen und hatte einen frischen roten Apfel in der Hand, und es lebte! Die Mutter wusste nicht, wie ihr geschah. Sie riss ihr Kind an sich, stürzte aus der Höhle und lief mit ihm nachhause.

Bald wussten es alle Leute in der Gegend, dass das Kind gerettet war. Von diesem Tag an öffnete sich der Schlossberg nie mehr wieder. Die Leute sagten, das käme davon, dass das Gespenst endlich seine Ruhe gefunden hatte, weil es ein Jahr lang für das Kind gesorgt und mit ihm gespielt hatte.

Koloman

Vor rund tausend Jahren kam ein Fremder nach Stockerau und erkundigte sich in einer Wirtsstube nach dem Weg nach Jerusalem. Er tat das in einer Sprache, die keiner verstand. Er trug ein Pilgergewand, und die Stockerauer wussten nicht recht, was sie mit ihm anfangen sollten. Es waren unruhige Zeiten und im Land wimmelte es von ungarischen und böhmischen und vielleicht sogar hunnischen Spionen. Zwar sprach er nicht böhmisch oder ungarisch, aber ein Spion hätte er ja trotzdem sein können. Dazu hatte der Fremde einen roten Schopf. Er hätte also sogar der Teufel selbst sein können, der hier feindlich spionierte, um das Land ins Unglück zu stürzen.

Der Pilger versuchte eifrig, den Weg nach Jerusalem zu erkunden, und die Gefragten taten vor Angst und Sorge freundlich, holten aber heimlich die Wache, die ihn sofort einsperrte.

Nun war der fremde Pilger aber kein Spion, sondern ein irischer Königssohn. Er war ein sehr frommer Prinz und wollte unbedingt die Wege aufsuchen, die der Herr Jesus gewandelt war, und die Stätten, an denen er gelitten hatte. Dem jungen Kronprinzen war, als könne er niemals ein guter König werden, wäre er nicht zuvor auf den Spuren des größten und edelsten Königs der Welt gewandelt. Das also war es, was den Prinzen nach Jerusalem zog.

Niemand am königlichen Hof hätte dem Erbprinzen des Landes auf eine so gefährliche Reise zu gehen gestattet. Also ging er heimlich. Er verkleidete sich als einfacher Pilger, reiste per Schiff von der Insel auf das Festland und wanderte dann durch ein großes Stück Europa bis Stockerau. Bis dorthin war es ihm immer gelungen, jemanden zu finden, der ihm den Weg nach Jerusalem wies. Aber als er in das besagte Wirtshaus kam, war seine Pilgerfahrt zu Ende. Der Dorfrichter, der in einer so gefährlichen Zeit keinesfalls einen Spion laufen lassen wollte, verurteilte den Fremden sicherheitshalber zum Tod. Als der dann in seiner Sprache, die keiner verstand, und mit Händen und Füßen erklärte, er sei ein Königssohn, und da er noch dazu einen Schopf unter seiner Kapuze hatte verbergen wollen, der rot war wie der Schopf des Teufels, hängten sie den Fremden kurzerhand an einen dürren Holunderbaum und überließen ihn den Raben zum Fraß.

Das Urteil aber, das sie an ihm vollstreckt hatten, war ihnen bald unheimlich. Denn diesen Koloman, so hieß der Pilger nämlich, das hatten sie doch aus ihm herausgebracht, diesen Gehängten also rührten die Raben nicht an. Sie umflatterten und beäugten ihn, und so manchem der Gaffer fiel ein, dass Raben weise Vögel sind. Die Leute fingen nun an, darüber zu reden, ob sie sich nicht vielleicht geirrt und einen Unschuldigen gehängt hatten. Und als der dürre Baum, an dem der Tote hing, zu knospen und zu blühen begann, holten sie die Obrigkeit, und die ließ ihn begraben. Obwohl sie noch nicht sicher waren, wer er wirklich war und ob er das Recht auf ein Stück geweihte Erde hatte.

Zwei Jahre vergingen. Das Grab des Fremden im Auwald war fast vergessen. Da trat eines Tages die Donau aus ihren Ufern und überschwemmte weithin das Land. Ein Fischer geriet plötzlich mit seinem Boot an eine Wand aus Wasser, einen Wall, der irgendetwas umgab. Und als der Fischer in seinem Boot aufstand, um zu erkunden, was hinter dieser Wand aus Wasser wäre, sah er das Grab des Fremden trocken daliegen, und darauf wuchs das schönste grüne Gras. Rundum türmte sich das Wasser und hielt dem Grab die Überschwemmung fern.

Von diesem Wunder wurde Markgraf Heinrich verständigt. Er ließ das Grab öffnen und den unversehrt darin liegenden Leichnam des Fremden nach Melk überführen. Melk war damals die Hauptstadt und der Wohnsitz der österreichischen Markgrafen. Der Markgraf selber sowie hohe Geistlichkeit und viele österreichische Ritter und

wo Geschenke liegen, kommen auch Diebe hin. Einer von ihnen stieg nachts in die Kirche ein und wollte nach etwas greifen, das ihm nicht gehörte. Aber da hatte er, wie es in der Chronik steht, plötzlich eine Hundsgosche statt seines Gesichts und musste bellen und immerzu bellen, bis der Mesner kam, und dann bellte er noch weiter. Der Unglückliche wurde zu Kolomans Grab geführt, um darzutun, dass der Heilige Böses mit Gutem vergelte, und so geschah es auch. Der Dieb hörte zu bellen auf und bekam sein früheres Diebsgesicht wieder, das sogar recht hübsch und jung war. Aber voll Reue und Dankbarkeit gab der Dieb sein früheres Gewerbe auf und diente von nun an demütig der Kirche.

Ein weiterer unguter Mensch, der das Grab des Heiligen aufgebrochen hatte, um sich ein Reliquienknöchlein zu holen, wurde dadurch gestraft, dass ihm ein Jahr lang die Kinnlade so schmerzhaft herunterhing, dass er das Bett hüten musste.

Die Verehrung für den heiligen Wundertäter Koloman wuchs nicht nur in Österreich, sondern über die Grenzen hinaus. Ihm zu Ehren baute man vielerorts Kirchen und Kapellen. Nun freilich wollten manche für diese heiligen Stätten auch eine Reliquie des heiligen Koloman besitzen. So erhielt Wien für St. Stephan ein sieben Zoll großes Stück vom Arme des Heiligen und auch den Stein, auf dem die Schienbeine Kolomans gesägt worden waren. Die Schatzkammer auf dem Neuen Markt bekam laut Chronik ein kleineres Stückchen Heiligenknochen. Weikersdorf wurde ein Knochenstückchen zuerkannt und den Franziskanern in Stockerau ein Stück des Hollerbaums, auf dem der heilige Koloman aufgehängt worden war, und ein größeres Stück seiner Kinnlade. Auch nach Ebersperg in Bayern ging ein Stück Kinnlade. Die Reliquien des heiligen Koloman wurden weithin verteilt. In Melk selber befindet sich ein gut erhaltener Teil des Unterkieferknochens mit einem Backenzahn des Heiligen.

All dies wäre wohl nicht geschehen, hätte man nicht damals vor tausend Jahren den fremden Prinzen für einen Spion oder gar den Teufel gehalten, sondern ihn weiterziehen lassen nach Jerusalem zu den Stätten, auf denen sein geliebter Herr Jesus sein Blut vergossen und allen Menschen geboten hat, einander zu lieben, weil sie ja alle Brüder und Kinder eines Gottes wären.

Der Schleier der Markgräfin Agnes

Vor rund 1000 Jahren stand Markgraf Leopold III. von Babenberg, der später ein Heiliger und der Schutzpatron von Niederösterreich wurde, mit Markgräfin Agnes, seiner Gemahlin, auf dem Söller seiner neuen Burg auf dem Kahlenberg, der heute Leopoldsberg heißt. Die beiden schauten über den dichten Wald zur Donau hinunter. Es war windig, und die Markgräfin wollte eben ihren Schleier fester binden, da riss ihn ihr ein Windstoß aus den Händen. Es war ihr Brautschleier, wie die Sage berichtet.

Der Brautschleier der Markgräfin Agnes wurde weit über das Land geweht und sank irgendwo im Dickicht des Wienerwaldes nieder. Wochenlang ließ der Markgraf seine Jäger und Knappen nach ihm suchen, der Schleier fand sich aber nicht.

Markgräfin Agnes war sehr betrübt. Sie dachte, es könnte etwas Schlimmes bedeuten, dass ihr Brautschleier verloren gegangen war. Der Markgraf versuchte sie zu trösten, aber das half nicht viel. Da gelobte er, ein Kloster zu stiften, sobald der Schleier sich wiederfände. Doch der Schleier fand sich nicht.

Wie die Sage weiter berichtet, beschlossen Leopold und Agnes nun, mit dem Klosterbau nicht zu warten, bis der Schleier gefunden war, sondern sogleich damit zu beginnen. Freilich, über den Ort, an dem das Kloster stehen sollte, konnten sich die beiden nicht einig werden, ganze acht Jahre lang nicht.

Bis Markgraf Leopold auf einer Jagd im Wienerwald, kaum eine Stunde weit von seiner Burg entfernt, auf einem Holunderbusch etwas Weißes flattern sah. Es war der Brautschleier seiner Gemahlin. Der Schleier hatte keinen Riss und keinen Fleck, obwohl er doch acht Jahre lang jedem Wetter auf dem Holunderbusch ausgesetzt gewesen war. Es war wie ein Wunder. Nein, es ***war*** ein Wunder.

Der Ort, an dem der Brautschleier der Markgräfin Agnes unversehrt gefunden worden war, sollte der Bauplatz für das Kloster werden. Das wurde er auch. Nach der neuen Burg des Markgrafen wurde das Kloster Klosterneuburg genannt.

Der kostbare Brautschleier der Markgräfin Agnes wird heute noch in einer gläsernen Vitrine im Stift Klosterneuburg aufbewahrt. Dort befindet sich zur Erinnerung an die Gründung des Klosters auch eine Monstranz, die einem Holunderstrauch nachgebildet und mit Blüten aus hellen Perlen verziert ist.

Das Bergmanderl mit der Ofenkrucken

In der Nähe von Kleinzell, bei Wasserlueg, gibt es eine Höhle, in der Bergmanderln wohnen. Von dieser Bergmanderlluke, wie die Höhle auch heißt, führt ein Weg zum Halbach hinunter. Wenn man genau hinschaut, sieht man dort im Sommer winzige Trippelspuren in der weichen Erde, und im Winter sieht man sie im Schnee.

Einmal kam ein Fuhrmann mit seinem Ochsenwagen an der Höhle vorbeigefahren. Es war gegen Abend, und er war müde und wollte möglichst rasch nachhause kommen. Aber da blieben seine Ochsen plötzlich stehen und schnaubten. Der Fuhrmann stieg ab und schaute nach dem Hindernis, an dem die Ochsen nicht vorbeiwollten, und sah mitten auf dem Weg eins von den Bergmanderln stehen. Er hatte schon öfter Bergmanderln gesehen, es liefen ja immer wieder welche in der Gegend herum. Aber sein Fuhrwerk aufgehalten hatte noch keines.

Das Mandl, das nun mitten auf dem Weg stand, winkte dem Fuhrmann heftig mit einer Ofenkrucken.

„He!“, sagte der Fuhrmann zu dem Bergmanderl. „Willst du was?“

„Ja“, antwortete das Bergmanderl. „Zwick mir die Krucken, kriegst einen Laib Brot dafür!“ Es warf dem Fuhrmann die Ofenkrucken zu und sauste in die Höhle zurück.

Die Ofenkrucken, auch Aschenschieber genannt, war ein Gerät, mit dem man die Asche aus dem Backofen holte. Der Fuhrmann drehte den Aschenschieber um und um und sah, dass er nur locker auf seinem Stiel saß. Nun wusste er, was das Bergmanderl von ihm wollte: Er sollte die Ofenkrucken mit einem Zweck, einem Keil, am Stiel anzwicken, das heißt, befestigen.

Der Fuhrmann klopfte also das Ding zurecht, schlug einen Keil hinein, und als die Krucken wieder fest am Stiel saß, kam auch schon das Bergmanderl aus der Höhle gelaufen und schleppte einen Laib Brot daher.

„Hab ich selber gebacken, es soll dir schmecken", sagte das Bergmanderl, nahm seinen Aschenschieber und lief in die Bergmandlhöhle zurück.

„Hü!", sagte der Fuhrmann und die Ochsen ruckten an. Der Fuhrmann freute sich, dass er dem Brot backenden Bergmandl hatte helfen können, und freute sich über das duftende Brot und fuhr fröhlich damit nachhause.

König Löwenherz

Vor rund 900 Jahren hat man in einem Gasthaus in dem kleinen Dorf Erdberg bei Wien den König Richard Löwenherz von England gefangen. Er stand in der Küche und drehte den Bratspieß und sah gar nicht wie ein König aus. Er hatte sich als armer Pilger verkleidet, um nicht seinem Feind, dem Herzog Leopold von Österreich, in die Hände zu fallen. Sie hatten beide noch kürzlich im Morgenland gegen die Sarazenen gekämpft und zusammen die Festung Akkon erobert. Leopold war der erste Fürst gewesen, der seine Fahne, die Fahne Österreichs, auf der Festung aufsteckte. Das wollte Löwenherz nicht dulden. Er riss Leopolds Fahne von der Mauer und pflanzte seine eigene auf.

Diese Beleidigung konnte ihm Leopold nicht verzeihen. Er schwor Rache und ritt bald wieder heim nach Österreich. Der König von England aber blieb mit anderen Fürsten und Rittern noch eine Weile im Heiligen Land, um den Sieg über die Muselmanen gründlich zu feiern. Dieser Kreuzzug, man nennt ihn den dritten von sieben, brachte den europäischen Siegern reiche Beute. Aber es war auch ein grausamer Krieg mit vielen blutigen Opfern gewesen und hatte Hungersnot und Seuchen im Gefolge. Viele Ritter und Soldaten, die den Kampf überlebt hatten, starben an Krankheiten.

Nun entschloss sich Richard Löwenherz, mit den Seinen nach England heimzukehren, und bestieg ein Schiff.

Was er nicht vorausgesehen hatte, war ein schrecklicher Sturm, der sein Schiff an die adriatische Küste schleuderte. Der König musste nun auf dem Landweg heimkehren, und dieser Heimweg führte ein Stück über Feindesgebiet, nämlich über das Gebiet, in dem Leopold von Österreich Herr war.

Richard Löwenherz verkleidete sich also, um nicht erkannt zu werden, als Pilger und zog in armseliger Pilgerkleidung und mit Kapuze, die sein Gesicht beschattete, gegen Wien zu. Er kehrte, wie die Sage berichtet, in Erdberg in einem kleinen Gasthof ein. Richard reiste allein, um nicht mit größerem Gefolge aufzufallen.

Der König, der gewohnt war, Diener zu haben, die seinen Geldbeutel trugen, hatte kein Geld bei sich. So bat er murmelnd den Wirt, er möge ihn als Küchenjungen den Bratspieß drehen lassen und ihm dafür ein Stück Braten schenken.

Der Wirt erkannte den verkleideten König nicht, er hatte ihn ja nie gesehen. Aber in seinem Gasthaus kehrten auch etliche wilde Burschen ein, die im Krieg gewesen waren, und einer erkannte in dem Pilger, der den Bratspieß drehte, den König Richard Löwenherz von England.

Der König wurde verhaftet und in den Gewahrsam seines beleidigten Feindes Leopold gebracht. Dieser sperrte Löwenherz auf der Festung Dürnstein ein.

Leopold wollte Lösegeld für den König von England, und der Kaiser wollte ebenfalls Lösegeld für den königlichen Gefangenen haben. So dauerten die Verhandlungen recht lange, und Löwenherz saß in Dürnstein gefangen. In England hielt man den König, der aus dem Kreuzzug noch nicht in sein Reich zurückgekehrt war, für tot.

Nun wird erzählt, da wäre aber ein Diener des Königs, ein Spielmann namens Blondel, gewesen, der nicht an des Königs Tod glauben wollte. Blondel zog von einer Burg zur anderen und sang das Lied, das er und der König gern miteinander gesungen hatten.

Blondel sang vor vielen Burgen. Aber, so wird erzählt, erst vor Dürnstein war ihm das Glück hold. Er sang die erste Strophe des Liedes, und Richard Löwenherz in seinem Gefängnis sang die zweite Strophe dazu.

Blondel reiste nach England zurück und berichtete, dass der König noch lebe und dass man ihn befreien müsse. Und einige Zeit später kehrte König Richard Löwenherz nach Zahlung eines hohen Lösegelds nach England zurück.

Der Wassermann bei Stockerau

Nahe Stockerau stand einmal eine Mühle. Daneben lag ein Teich, in dem ein Wassermann wohnte. Manchmal am Abend stieg der Wassermann aus dem Wasser und hopste zu einem kleinen Verschlag neben der Mühle, in dem der Müller allerhand Kram aufbewahrte. Der Wassermann machte in dem Verschlag ein Feuerchen an und briet Fische.

Dem Müller war das nicht recht, denn der Fischgeruch zog sich in die Mühle hinein, und dann roch das Mehl nach gebratenem Fisch. Aber er konnte dagegen nichts tun, denn der Wassermann hätte ihm sonst die ganze Mühle unter Wasser gesetzt.

Eines Tages war in Stockerau Kirtag und ein Bärenführer zeigte auf dem Marktplatz die Tanzkünste seines riesigen Bären. Gegen Abend suchte er ein Nachtquartier für sich und sein Tier, denn er wollte bis zum nächsten Tag bleiben. Weil er aber in Stockerau und auch in den umliegenden Dörfern kein Quartier gefunden hatte, versuchte er es bei der Mühle, und der Müller bot dem Bärenführer und seinem Bären den kleinen Verschlag neben der Mühle als Nachtquartier an. Der Bärenführer und sein Bär machten es sich in dem kleinen Raum bequem.

Aber eben an diesem Abend kam auch der Wassermann. Er merkte nicht, dass da schon zwei schliefen, machte sein Feuerchen an und begann Fische zu braten. Der Geruch der bratenden Fische weckte den Bären auf.

Der Wassermann, dem keine Ahnung davon kam, es könnte noch jemand im Raum sein, wendete eben einen großen, leckeren Fisch über seinem Feuerchen – da sah er plötzlich eine riesige Pranke, die über seine Schulter nach dem Fisch langte. Blitzschnell drehte er sich nach dem Fischräuber um. Da sah er ein großes, zottiges Ungeheuer, das noch dazu unwillig zu brummen anfing. Dem Wassermann wurde angst und bang und mit lautem Quaken flüchtete er sich zurück in den Mühlteich. Der Bär fraß die gebratenen Fische auf und legte sich wieder schlafen.

Der Bärenführer hatte von alldem nichts gemerkt. Als er aber am Morgen das verglimmende Feuer und verstreute Fischreste fand, fragte er den Müller, was denn das bedeuten sollte.

„Das war mein Wassermann“, erklärte der Müller und erzählte dem Bärenführer von dem lästigen Wassergeist.

Der Bärenführer glaubte ihm aufs Wort. „Ich könnte Euch noch viel seltsamere Dinge erzählen“, sagte er. „Wenn man mit einem Bären im Land herumzieht, erlebt man die wunderlichsten

Abenteuer!“ Er verabschiedete sich und zog mit seinem Bären weiter.

Der Müller kehrte die Fischreste und die Feuerasche aus dem Verschlag, und dabei schien es ihm, es röche jetzt mehr nach Bär als nach Fisch.

Als der Müller beim Mittagessen saß, schaute der Wassermann zum Fenster herein und fragte:

„Wohnt die große Katze noch immer bei dir?“

Der Müller sah die Angst in den Augen des Wassermanns, und ihm fiel plötzlich ein, wie er den lästigen Wassergeist für immer loswerden könnte. „Ja“, sagte er. „Die Katze wohnt jetzt da. Und zwei Junge hat sie auch gekriegt!“

Da machte der Wassermann eiligst kehrt und hopste davon und ist nie wieder Fische braten gekommen.

Das Rosengärtlein des Ritters Schreckenwald von Aggstein

Der Ritter Schreckenwald, der auf Burg Aggstein an der Donau hauste, hieß eigentlich Georg Scheck am Wald. Den Namen „Schreckenwald“ hat er sich erst durch seine grausamen Taten erworben.

Scheck am Wald war Kammerherr und Ratgeber des Herzogs Albrecht. Der hielt ihn für einen tapferen und klugen Ritter und gab ihm Aggstein zum Lehen.

Früher hatten auf Aggstein Raubritter gehaust, die man „die Hunde von Kuenring“ nannte. Es waren die Brüder Hademar und Heinrich von Kuenring. Sie hatten Ketten über die Donau gespannt und damit Schiffe von Kaufleuten auf dem Fluss aufgehalten und beraubt. Aber sie beraubten nicht nur Schiffe. Sie überfielen auch kleinere und größere Ortschaften, sogar die Stadt Krems, und zündeten sie an.

Das konnte der damalige Herzog, Friedrich der Streitbare, nicht dulden. Er ließ die Raubritter von Kuenring gefangen nehmen und ihre Burg Aggstein zerstören.

Das alles geschah ungefähr zweihundert Jahre, bevor der Schreckenwalder die Ruine Aggstein zum Lehen bekam. Sieben Jahre lang mussten seine Untertanen für ihn Steine schleppen und bis zur

Erschöpfung arbeiten, bis die Burg wieder als stolze Festung auf ihrem Felsen stand.

Er hatte das Recht, Schiffe anzuhalten und Geld oder Waren für die Durchfahrt zu verlangen. Wenn es ihm zu wenig schien, was die Kaufleute oder Schiffspassagiere geben konnten, machte er sie zu Gefangenen, bis sie ihm Lösegeld versprachen. Wenn einer nicht zahlen wollte oder kein Geld hatte, stieß der Raubritter ihn auf eine schmale Felsplatte hinaus. Dort sollte er verhungern oder sich aus Verzweiflung selbst hinabstürzen. Wie zum Spott nannte der Schreckenwalder das Felsenstück auch noch sein „Rosengärtlein".

Einmal fing er einen jungen Ritterssohn und stieß ihn, wie schon so viele, in sein Rosengärtlein hinaus. Der junge Mann verzweifelte jedoch nicht. Er blickte in den Abgrund hinunter und sah unten den dichten Wald, der den hohen Felsen umgab.

„Wenn ich Glück habe", dachte er, „fangen die Bäume mich auf", und sprang.

Er hatte Glück. Die Bäume fingen ihn auf.

So schnell er konnte, lief er zur nächsten Burg, und der Burgherr und andere Ritter sammelten sich und lauerten dem Ritter Schreckenwald auf. Sie nahmen ihn gefangen und brachten ihn vor Gericht, und der grausame Herr von Aggstein wurde geköpft.

Die Zwerge vom Otterberg

Unweit des Semmerings, im Otterberg, wohnen eine Menge Zwerge. Man weiß nicht genau, ob sie dort Schätze hüten oder als Bergmännlein goldene Zapfen von den Wänden schlagen, oder silberne, oder was sonst sie dort tun. Irgendetwas dieser Art wird es wohl sein, denn immer wieder hört man es im Berginnern klopfen. Manchmal hört das Geklopfe auf. Dann fängt es im Otter drin zu poltern und zu grollen und leise zu donnern an. Zu solchen Zeiten machen die Zwerge Feierabend und spielen Kegel.

Einmal wollte ein junger Bauernbursche den Zwergen beim Kegelspiel zusehen. Er stieg hinauf bis zum Ruprechtsloch, durch das man in den Berg hineinklettern kann. Dort band er sich ein Seil um den Leib, befestigte das andere Ende an einem Baum und kletterte hinunter.

Er kam aber nicht weit. Das Seil riss und er stürzte in das tiefe Loch hinunter. Wahrscheinlich wäre er unten zerschmettert liegen geblieben, hätte nicht jemand ihn aufgefangen. Ein Zwerg. Ein Bergzwerg.

„Schön, dass du uns besuchen kommst!“, sagte der Bergzwerg.

Der Bursche wusste nicht, wie ihm geschah. Er sah ein Bergmännlein vor sich stehen, und neben ihm auf dem Boden stand ein helles Laternchen. Im Gestein rundum glitzerte es golden und silbern. Gleich darauf hörte er leises Grollen und Donnern.

„Bist du heruntergeklettert, um dir unsere Kegelbahn anzusehen?“, fragte der Zwerg freundlich. „Dann komm mit. Eine Kegelbahn wie unsere sieht man selten!“

Das Bergmännlein half dem Burschen auf die Beine und ging mit seinem Laternchen voran, tiefer in den Berg hinein. Bald waren sie bei der Kegelbahn der Bergzwerge angelangt.

Die Kegel waren aus Silber, und die Kugel war aus Gold. Am Rand der Kegelbahn standen Tische und Sesselchen und darauf saßen viele Bergzwerge. Sie aßen und tranken und lachten.

Ein paar von ihnen standen nahe an der Kegelbahn und schoben mit der goldenen Kugel silberne Kegel nieder. Wenn die Kugel gegen die silbernen Kegel donnerte, fielen die klingend um. Dann jubelten die Zwerge ringsum und klatschten in die Händchen. Ein ganz junger Zwerg war der Kegelbub, der unermüdlich Kegel aufstellen musste, denn die Zwerge konnten von dem Spiel nicht genug bekommen.

Das Bergmännlein, das den Bauernburschen im Ruprechtsloch aufgefangen hatte, sagte zu ihm:

„Willst du den Kegelbuben nicht ablösen? Hast du nicht auch Lust, silberne Kegel aufzustellen?

Wenn du es gut machst, darfst du dir dann einen davon mit nachhause nehmen."

„Ja ist denn das möglich?", fragte der Bursch.

„Warum soll das nicht möglich sein!", antwortete das Bergmännchen. So wurde der Bauernbursch für ein Weilchen Kegelbub der Zwerge.

„Schluss, meine Lieben!", sagte plötzlich ein alter Zwerg. „Morgen ist auch noch ein Tag!" Er überreichte dem jungen Besucher aus der oberen Welt mit einer Verbeugung einen silbernen Kegel, bedankte sich herzlich für seine Dienste und sagte zu ihm, es wäre ihm eine Ehre, ihn wieder hinaus ins Freie zu führen.

Der Junge dachte noch immer, das alles wäre ein Traum, aber der Kegel, den er nun in Händen hatte, war silberne Wirklichkeit. Er folgte dem alten Bergzwerg durch einen Gang und noch einen Gang und durch eine Höhle und noch einen Gang zu einem Felsentor und klopfte daran. Das steinerne Tor öffnete sich, und helles Sonnenlicht fiel in das Dunkel des Berges.

„Auf Wiedersehen!", sagte der alte Bergzwerg fröhlich.

„Auf Wiedersehen!", sagte der junge Bauernbursch. Dann ging er in den hellen Tag hinaus. Gleich darauf hörte er, wie der alte Bergzwerg ihm etwas nachrief, und wandte sich um. Der Bergzwerg stand am Tor und rief: „Könntest du uns bitte Weintrauben bringen? Und Rosinen? Die wachsen bei uns im Berg nicht, und wir essen sie alle so gern!“

„Gleich morgen bring ich euch Weintrauben und Rosinen!“, rief der Bauernbursche und winkte zum Abschied.

Als er am nächsten Tag mit einem großen Sack voll Rosinen und einem großen Korb voll Weintrauben wieder vor das Felsentor kam, war es geschlossen. Er klopfte und klopfte, aber es ging nicht auf.

Da stellte der Bursch seine Geschenke vor dem Tor nieder und dachte: „Wahrscheinlich haben sie mich nicht klopfen gehört, weil sie wieder Kegel spielen. Macht nichts, sie werden's schon finden!“, und ging.

Wie er so auf dem Heimweg war, begann es zu tröpfeln und dann zu regnen. Silberne und goldene Tropfen regneten auf den Burschen herunter. So viele! So viele ...

Wie der Teufel Frösche fing

In der Gegend von Raabs an der Thaya lag einmal ein kleiner Waldsee. Zur Zeit der Wasserrosen war er besonders schön. An den Sommerabenden hockten auf den Teichrosenblättern Frösche. Viele Frösche. Ihr Gesang war von weitem zu hören.

Es gab jemanden, der immer wieder zu dem kleinen See wanderte, und das war der Schneider von Liebnitz.

Der Schneider war ein ordentlicher und flinker Schneider, der recht gut von seiner Arbeit hätte leben können. Doch er wollte nicht den ganzen Tag lang immerzu im Schneidersitz hocken und sticheln. So kaufte er sich eine Geige und wurde Spielmann.

Freilich stichelte er dann und wann immer noch, aber das Geld, das er damit verdiente, reichte nicht zum Leben, und das, was er als Spielmann dazuverdiente, reichte auch nicht. So hatte der Schneider eigentlich immer Hunger.

Wer hungrig ist und kaum zu essen hat, träumt oft, er hätte was zu essen, und zum Träumen war der kleine Waldsee ein guter Ort. Als der Schneider eines Abends dahin unterwegs war und den See schon im Abendlicht blinken sah, erblickte er einen Baumstumpf am Seeufer, der sonst nicht dort war. Und als er hinkam, war der Baumstumpf der Teufel.

„Hast du Hunger?“, fragte der Teufel und hielt ihm eine große Wurst vor die Nase.

Die Wurst duftete.

Schnapp – hatte der Schneider ein Stück davon abgebissen.

„Jetzt gehörst du mir!“, sagte der Teufel. „Nächstes Jahr um diese Zeit hol ich dich. Die Wurst kannst du behalten, und Brot kriegst du dazu, wie auch einen Beutel Geld!“ Und schon lag das alles im Gras neben dem hungrigen Schneider, und der Teufel verschwand.

Der Schneider aß die Wurst auf und das Brot und steckte den Beutel ein. Als der erste Hunger gestillt war und er wieder klar denken konnte, wurde dem Schneider doch bang.

„Ein teuflischer Teufel ist das!“, dachte er und ging recht verzweifelt nach Hause. Hinter ihm musizierten die Frösche, als wollten sie ihm Mut machen. Sie konnten den Schneider gut leiden, denn er hatte noch nie versucht, Steine nach ihnen zu werfen oder einen von ihnen zu fangen.

Gleich am nächsten Tag stellte der Schneider zwei Gesellen ein, die für ihn stichelten, und er zahlte sie gut, weil er wusste, wie der Hunger schmeckt, und außerdem hatte er ja genug Geld. Denn teuflischerweise wurde sein Beutel nie leer.

Der Schneider kaufte sich neue Saiten für seine Geige. Manchmal ging er am Abend zu dem kleinen Froschsee hinaus und spielte im Froschkonzert mit und vergaß über alldem den Teufel.

Der kam aber pünktlich ein Jahr später zu dem kleinen Waldsee. Am Ufer dort saß der Schneider und träumte vor sich hin.

„Da bin ich“, sagte der Teufel. „Du kommst jetzt sofort mit in die Hölle!“

Die Frösche quakten aufgeregt, und dem Schneider war es auf einmal, als verstünde er, was sie meinten. Plötzlich war ihm nicht mehr bang, denn ihm fiel ein, dass schon so mancher den Teufel überlistet hat und wie er selber das tun konnte. Also sagte er zum Teufel:

„Du willst der Teufel sein? Das musst du mir erst beweisen!“

Der Teufel erschrak. Einer, der gewohnt ist, dass alle vor ihm zittern, kommt leicht aus der Fassung, wenn jemand es nicht tut.

„Pass auf!“, sagte nun der Schneider zum Teufel. „Wenn du bis Mitternacht alle Frösche aus dem See herausfängst und nachzählst, glaub ich dir, dass du wirklich der Teufel bist, und geh mit dir.“

Der Teufel fing sogleich an, die Frösche aus dem Teich zu fangen. Jeden Frosch setzte er ans Ufer und den nächsten daneben und den nächsten wieder daneben, und so weiter. „Wenn sie alle beisammen sind, zähl ich sie nach“, sagte er, und fing weiter einen Frosch nach dem andern aus dem

Wasser und setzte sie alle nebeneinander ans Ufer. Alle, auch die ganz kleinen. „Bis Mitternacht bin ich leicht damit fertig“, sagte der Teufel.

Aber die Frösche blieben nicht am Ufer sitzen. Sie sprangen – plitsch und platsch und plitsch und platsch – in den Teich zurück.

Es war noch gar nicht Mitternacht, als der Teufel einsah, dass er diese Seele nicht fangen konnte. So dumm ist der Teufel wieder nicht, dass er nicht einsieht, wenn er verloren hat.

„So was wie dich können wir in der Hölle nicht brauchen“, fauchte er den Schneider an, „behalt deine Seele!“, und verschwand.

Der Schneider aber blieb am Ufer sitzen und der Mond schien und die Wasserrosen leuchteten und die Frösche quakten ihr schönstes Konzert.

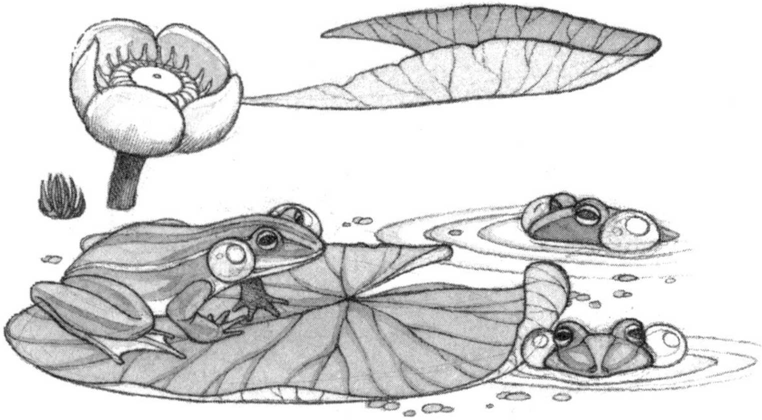

Das Mittagsgespenst

In der Stadt Litschau in Niederösterreich nahe der Grenze zu Böhmen steht auf dem Eulenberg ein Schloss mit einem runden Turm. Dort geht einer um. Erst rasselt und rumpelt es, und dann steigt ein Gespenst auf die Mauer – ein so scheußliches, wie man selten eines sieht. Denn es trägt den Kopf unter dem Arm. Und außerdem ist es ein Mittagsgespenst. Das sind die schrecklichsten.

Das Gespenst lässt sich nur einmal im Jahr sehen. Es kommt als Feldherr in Uniform, die überall mit goldenen Borten benäht ist. Die Brust voller Orden balanciert es hoch oben auf den hervorragenden Steinen des runden Turms. Eine Stunde lang, von zwölf bis ein Uhr Mittag, hopst es dort von Stein zu Stein, grinst und bimmelt mit seinen Orden.

Es erscheint pünktlich an jedem 28. September. Das ist sein Namenstag. Es heißt Wenzel, Wenzel Moratzky, und war einmal jener Feldherr, der im großen Bauernaufstand von 1597 so vielen Bauern den Kopf abschlagen ließ. Jetzt muss er als Geist umgehen und dabei zur Strafe seinen eigenen Kopf unter dem Arm tragen.

Das Zauberschloss bei Pottenstein

Wo heute der Ort Grabenweg bei Pottenstein liegt, gab es einstmals nur wenige armselige Häuser. Im Tal dort wuchs auf den steilen Hängen nur weniges, karges Gras, das kaum zur Weide für die genügsamen Schafe gut war. Rundum ragten kahle, unwirtliche Felsenberge auf, deren Gipfel das ganze Jahr über verschneit und vereist waren.

Ein junger Hirt, er war fast noch ein Kind, hütete einst dort seine Schafe. Einmal, es war am Tag der Sonnenwende, setzte er sich wie so oft schon zwischen seine friedlich weidenden Tiere auf einen kleinen Felsen und fing an, auf seiner Flöte zu blasen. Da geschah etwas Seltsames und Wunderbares: Aus dem Berghang unter ihm kam ein leises Grollen, und kaum hundert Schritte weit hob sich ein funkelnder Kristallpalast aus dem Erdboden. Gleich darauf öffnete sich das Tor des Palastes, und über die silbernen Stufen davor kam ein Mädchen heruntergestiegen.

Sie trug ein langes, weißes Glitzergewand und musste wohl eine Prinzessin sein. „Spiel doch noch ein wenig auf deiner Flöte", sagte sie. Dann setzte sie sich neben ihn, und als das Lied zu Ende war, sagte sie:

„Einer, der so schön Flöte spielt, kann sicher noch mehr, als einen Drachen einschläfern." Wie sie redete, war es, als klinge eine helle, kleine Glocke. „Spiel noch einmal“, sagte sie, „ich will dazu singen!“

Da fing der Hirtenjunge noch einmal zu flöten an, und sie sang dazu. Sie sang von einem Drachen, der eine Prinzessin gefangen hielt und den das Flötenspiel eines Hirtenjungen eingeschläfert hatte. Und als das Lied zu Ende war, sagte sie zu ihm: „Die Prinzessin bin ich und der Hirt bist du. Und der Drache schläft. Aber er wird bald aufwachen. Ich muss jetzt wieder in das kristallene Schloss zurück, sonst frisst er mich sogleich!“

„Das lass ich nicht zu!“, rief der Hirtenjunge. „Ich gehe mit dir und werde dich beschützen.“

„Das darfst du noch nicht“, sagte die Prinzessin. „Aber wenn du Mut hast, komm nächstes Jahr zu Sonnwend wieder. Du musst wieder dein Lied blasen und den Drachen einschläfern. Aber gleich nachher läufst du die silbernen Stufen hinauf und gehst durch das Tor in das kristallene Schloss. Dort wird ein Ungeheuer auf dich warten. Du darfst aber nicht davonlaufen, sondern musst auf das Untier zugehen. Es wird dir nichts tun, denn ***ich*** werde ja dieses Tier sein. Du wirst mich an meinen Augen erkennen. Dann musst du mich auf die Stirn küssen und auf die Weide zurücklaufen. Im übernächsten Jahr zur Sonnenwende musst du noch einmal kommen und mit dem Drachen kämpfen und ihn besiegen. Dann bin ich erlöst."

Gleich darauf versank das kristallene Schloss mitsamt dem Mädchen unter Gedonner und Gepolter in der Erde. Und alles war beinahe wie vorher. Beinahe! Denn dem Hirtenjungen schien es, als wüchse das Gras auf der Weide ringsum nicht mehr so karg. Auch seine Schafe schienen ihm verändert zu sein, sie sahen viel wolliger aus.

Am nächsten Sonnwendmorgen stieg der Hirt wieder zu dem Felsen hinauf. Er hatte die Flöte kaum an den Mund gesetzt, als es unter der Erde zu grollen anfing, und schon stand das kristallene Schloss funkelnd und gleißend vor seinen Augen.

Der Hirtenjunge ging zu der Treppe, lief die silbernen Stufen hinauf und trat durch das Tor in den Palast. Und schon kam das schreckliche Untier auf ihn zu. Aber seine Augen waren die Augen des Mädchens.

Da ging der Junge auf das Untier zu und küsste es auf die Stirn. Dann wandte er sich ab und lief zurück auf die Weide und der Palast versank.

Der junge Hirt saß im Gras und sein Herz klopfte so laut wie nie. Als er sich umsah, merkte er, dass das Gras um ihn höher stand als noch am Tag vorher, und saftiger, und die wolligen Schäflein kamen auf ihn zugelaufen und rieben ihre Köpfe an ihm, als wollten sie ihm etwas mitteilen. Aber das wusste er ja schon, dass die Weide schöner und

saftiger geworden war. Und die hohen grauen Felsen ringsum waren grün bewachsen und bunt von Almblumen geworden. Ihre Grate und Spitzen schienen dem Jungen nicht mehr so schroff und eisig.

„Das ist ein gutes Zeichen“, dachte der Hirtenjunge. „Das nächste Mal werde ich mit dem Drachen kämpfen und ihn besiegen.“

Zur nächsten Sonnwende kam der junge Hirt wieder. Er war nicht mehr der Hüterbub, der er zuvor gewesen war, sondern ein junger Mann mit dem ersten Flaum eines Bartes.

Wieder ließ er sich auf dem Felsen inmitten des Wiesenhangs nieder und setzte die Flöte an den Mund. Gleich darauf brach der Kristallpalast donnernd aus der Erde. Das Tor war offen, und aus dem Tor fauchte glühend und Funken sprühend der Drache.

Bei diesem furchtbaren Anblick packte den Hirten Entsetzen und er rannte davon. Erst als er hörte, wie das Tor des kristallenen Schlosses mit lautem Krachen zuschlug, kam er zur Besinnung. Er blieb stehen und sah sich um. Da stand der kristallene Palast noch immer, und das Tor war zu. Der junge Hirt lief die silbernen Stufen hinauf und hämmerte gegen das Tor, und das Tor ging auf und der Hirt lief hinein. Da begann die Erde zu grollen und zu beben, und der Kristallpalast versank mitsamt dem Mädchen und dem Drachen und dem jungen Hirten in der Tiefe.

Manche Leute sagen, dass der junge Schafhirt niemals zurückgekehrt ist. Andere meinen, er wäre doch wiedergekommen. Der Kristallpalast wäre zwar für alle Zeit verschwunden geblieben, aber der Schafhirt und das Mädchen wären wieder ans Tageslicht gekommen und hätten von nun an miteinander die Schafe geweidet und sich ein Hüttchen gebaut und wären Mann und Frau geworden.

Vieles spricht dafür, dass es so gewesen ist. Denn die einst so struppigen Schafe sind noch immer weich und wollig, und das Tal war noch nie so schön, und die Felsen waren noch nie so grün und ohne Schnee.

Die Pest in Chendelbach

Vor ungefähr 300 Jahren, als die Pest wieder einmal durch Niederösterreich zog, soll am Fuß des Waschbergs zwischen Leitzersdorf und Wiesen das Dorf Chendelbach gestanden sein. Heute findet man keine Spur mehr davon, und eine Sage erzählt, wie das gekommen ist.

In jenen Zeiten hat man nicht genau gewusst, was oder wer die Pest eigentlich war. Man hat nur gesehen, was sie anrichtete. Unzählige Menschen wurden krank und die meisten Kranken starben. Die Angst der Menschen vor der Pest war so groß, dass sie oft glaubten, sie leibhaftig vor Augen zu haben. Niemand wusste recht, was man gegen sie tun konnte. Die meisten sahen sie als böses, zotteliges altes Weib, das bucklig und gichtgekrümmt daherkam und in jeden Brunnen spuckte, an dem sie vorüberkam. Oder man hielt sie für eine graue Jungfrau, die mit ihren langen Schleiern über das Land wischte und nur Tote zurückließ.

Auch durch Chendelbach war die Pest gezogen, und viele Leute des Dorfs waren gestorben, aber einige lebten doch noch. Einer davon war ein Bauer, der am Dorfrand wohnte. Er guckte manchmal aus der Dachluke, ob er die Pest nicht erblicken könnte, doch das geschah nie. Aber einmal sah er den Tod mit seiner Sense die Straße hinuntergehen und ein Haus betreten. Da musste er denken, die Pest sei wahrscheinlich schon müde und hätte den Tod persönlich geschickt, die Leute zu holen. Und wie er das dachte, sah er den Tod wieder aus dem Haus herauskommen und die Straße hinuntergehen.

Der Bauer konnte nicht anders, er musste nachsehen, ob der Sensenmann wirklich der Tod gewesen war oder vielleicht nur irgendeiner aus einem anderen Dorf, der mit der Sense auf sein Feld ging. Aber als er in dem Haus nachsah, in dem der Sensenmann gewesen war, fand er alle darin an der Pest gestorben.

Vor Schreck rannte der Bauer zu seinem eigenen Haus zurück und sah den Tod mit der Sense aus dem Haus herauskommen. War das ein Glück, dass er nicht daheim gewesen war!

„Was soll ich denn tun?“, dachte der Bauer, und vor lauter Angst fiel ihm ein, was ihn vielleicht retten konnte. Schnell lief er in sein Haus, tat Brot und Speck in einen Sack und rannte davon, gegen den Wald zu. Aber er lief dabei mit den Fersen voran, sodass seine Fußspuren mit den Zehen zum Eingang seines Hauses zeigten.

Der Bauer versteckte sich im Wald, kletterte auf einen Baum und beobachtete, was der Tod weiter tun würde.

Als der Tod kam, ging er vor das Haus des

Bauern, und weil dessen Fußspuren in das Haus hineinwiesen, ging der Tod den Spuren nach. Aber er kam bald, seinen Totenkopf schüttelnd, wieder heraus und suchte nach anderen Überlebenden.

Das ging eine ganze Weile so. Immer wieder machte der Tod die Runde in Chendelbach, bis alle Dorfbewohner tot waren. Der Bauer auf seinem Baum oben wurde fast vergnügt, wenn der Tod immer wieder kopfschüttelnd aus seinem Haus kam. Manchmal, wenn der Sensenmann am anderen Ende von Chendelbach verweilte, lief der Bauer schnell in sein Haus zurück und holte sich wieder Speck und Brot und lief wieder, mit den Fersen voran, in den Wald zurück.

Endlich hatte der Tod genug von Chendelbach. Wo der Bauer hingekommen war, wusste er immer noch nicht, aber er hatte wohl keine Zeit mehr, ihn zu suchen. So ging er weiter.

Als der Bauer sicher war, dass der Tod Chendelbach endgültig verlassen hatte, kam er zurück ins Dorf. Das Dorf war ausgestorben, ganz und gar, alle Bewohner waren tot.

„Das kann ich nicht aushalten“, sagte der Bauer. Er packte ein Bündel Sachen zusammen und zog in ein Dorf in der Nachbarschaft, ob nach Wiesen oder nach Leitzersdorf, das weiß man nicht.

Die Geistergräfin von Fischamend

Die Geistergräfin von Fischamend war zu ihren Lebzeiten eine wunderschöne junge Frau. Sie wohnte unweit der Donau in ihrem Schloss am Ufer der Fischa. Die Auwälder rundum waren reich an Wild, und die junge Gräfin ritt fast täglich mit großem Gefolge zur Jagd. Ihre Hunde kläfften und heulten, und die vielen Jagdfreunde der Gräfin ritten lärmend und johlend ihrer Herrin nach.

Sie ritten über Äcker und Felder. Oft trampelten ihre Pferde die Ernte nieder, und die Gräfin und die Herren lachten, wenn die Bauern auf die Knie fielen und um Gottes willen um Gnade für das Getreide und die Rüben und die Kohlköpfe baten. Wenn die Bauern zu lästig wurden, hetzte die junge Gräfin ihre Hunde auf sie und lachte über die Sprünge der flüchtenden Bauern. Die Herren aber schlugen im Vorüberreiten so manchem Kohl den Kopf ab und riefen den Bauern nach:

„So wird's auch euch ergehen, wenn ihr das Vergnügen unserer Gräfin stört!"

Eines Tages verfolgte die Jagdgesellschaft einen riesigen Hirsch tiefer und tiefer in den Wald. Die junge Gräfin ritt voran. Sie ritt das schnellste Pferd, und der Hirsch war die schönste und schnellste Beute, die je vor ihr geflohen war.

So kam es, dass die übrigen Jäger mitsamt den Hunden hinter ihr zurückblieben. Plötzlich fand die Gräfin sich allein mitten im Wald und hielt ihr Pferd an.

Sie sah den erschöpften Hirsch auf eine kleine Waldlichtung flüchten und dort zusammenbrechen. Da hob sie ihren Bogen und schoss dem Hirsch einen tödlichen Pfeil in die Brust.

Nun erst sah die Gräfin, dass sie sich verirrt hatte. Zum ersten Mal in ihrem Leben wurde der Gräfin angst, und sie blies in ihr Jagdhorn und blies und blies, aber niemand antwortete ihr. Sie ritt zu dem erlegten Hirsch hinüber, betrachtete ihn und sah ihn weinen. Da begann sie selber zu weinen.

Das geschah vor vielen hundert Jahren. Die Sage berichtet, dass die Gräfin nun, da alles um sie still war, plötzlich die Glocke vom Fischamender Kirchturm läuten hörte. Jetzt wusste sie wieder, in welche Richtung sie reiten musste, und fand zu ihrem Schloss zurück.

Die Sage berichtet weiter, dass die junge, schöne Gräfin bereits am nächsten Tag wieder zur Jagd ritt wie immer und nichts in ihrem Herzen sich geändert hatte. Und dass sie zur Strafe für ihre Grausamkeiten nach ihrem Tod als Gespenstergräfin von Fischamend durch die Wälder jagen muss, bis in alle Ewigkeit oder bis sie erlöst wird.

Die Feenkönigin vom Jauerling

Vor vielen Jahren stand am Fuß des Berges Jauerling neben dem Groisbach eine Mühle. Darin lebten ein Müller und seine Frau und ihre kleine Tochter. Sie lebten zufrieden miteinander, bis eines Tages die Müllerin krank wurde.

„Sie muss sterben", sagte eine alte weise Frau, die die Müllerin pflegen kam. Sie kannte sich mit Kräutern aus und hatte mit ihren Tränklein und Salben schon so manchem geholfen. Aber bei der armen Müllerin half kein Kräutlein.

Die kleine Tochter war sehr traurig, aber sie dachte immer wieder: „Das gibt's nicht, dass mein Mütterlein stirbt."

Eines Abends sagte der Müller zu seinem kleinen Mädchen: „Der Mutter geht es heute besonders schlecht. Ich werde die ganze Nacht an ihrem Bett sitzen und wachen. Geh schlafen, Kind! Dein Mütterlein will es auch, dass du schläfst."

Das kleine Mädchen dachte: „Wenn ich nicht schlafen gehe, ist sie traurig und wird noch kränker. Ich muss schlafen gehen." Und so ging sie in ihr Kämmerchen und legte sich in ihr Bett.

Aber sie konnte nicht einschlafen.

Der Mond schien hell durchs Fenster herein. Da stand das kleine Mädchen auf und ging fort. Wohin, das wusste sie gar nicht recht. Sie stand in dem kleinen Gemüsegarten vor der Mühle, und die Petersilie duftete und das Suppenkraut roch so stark wie nie am Tag. „Es muss doch ein Kraut geben, das die Mutter gesund macht“, dachte das kleine Mädchen. „Aber in unserem Garten wächst das nicht. Also muss ich es suchen! Wo soll ich's nur suchen?“

Das Kind ging aus dem Gärtchen hinaus und zum Wald. Da tobte der Bach im Mondschein wie noch nie, und in dem glitzernden Gerausch und Geraune stand plötzlich ein Zwerg.

Die Kleine hatte beim Beerenpflücken oder beim Pilzesuchen schon öfter Zwerge getroffen. Die hatten ihr immer zugewunken. Diese Tagzwerge hatten grüne Röckchen und Hosen und grüne Mützen. Doch der Zwerg, der da jetzt plötzlich am Bachufer stand, war silbern. Das kam aber nicht nur vom Mond.

Der silberne Zwerg winkte dem kleinen Mädchen und sagte freundlich: „Ich weiß, was du suchst. Du suchst das Kräutlein Widertod. Stimmt's?“

„Ich weiß nicht, wie man es nennt“, antwortete das kleine Mädchen. „Aber vielleicht heißt es so. Meine Mutter darf nicht sterben!“

„Ich weiß, wo du es finden kannst“, sagte der silberne Zwerg. „Du musst nur mutig sein und heute Nacht die Groisbachschlucht hinaufklettern, bis ganz oben auf den Jauerling. Dort wächst das Kräutlein. Aber es ist sehr klein und blüht so blau, wie der Himmel bei Tag ist, und duftet stärker als Petersilie und Suppenkraut und Lavendel und Rosmarin zusammen. Du hast Glück, dass der Mond scheint!"

Das kleine Mädchen hörte dem silbernen Zwerg gar nicht mehr zu, es kletterte schon die Schlucht hinauf, und das war gefährlich. Der Groisbach rauschte dazu laut. Die Brombeersträucher wollten das kleine Mädchen zurückhalten und zerrissen ihr Kleid und Haut.

Das kleine Mädchen aber dachte nur an das Kräutlein Widertod, und manchmal blieb sie stehen und hob ihre kleine Nase, ob sie es nicht schon röche. Aber sie roch nichts von dem Wunderkraut.

Da kletterte sie weiter.

Endlich war sie oben auf dem Jauerling. Da stand ein Felsen. Vor dem Felsen stand der silberne Zwerg. „Komm", sagte er, „die Feenkönigin wartet schon auf dich!"

Sie gingen dreimal um den Felsen herum, und beim dritten Mal standen sie in einem Garten. Es war der Zaubergarten der Feenkönigin vom Jauerling.

Der Mond schien silbern auf den Garten. Glitzernde Schmetterlinge flogen von Blume zu

Blume oder tanzten miteinander in der silbrigen Luft. Auf einer Wiese spielten Kinder mit weißen Pferden, die nicht größer waren als Puppenpferdchen. Auf den Zweigen der Büsche und Bäume zwitscherten silberne Vögel.

Der silberne Zwerg gab der kleinen Müllerstochter einen Stups und sagte: „Dort drüben, schau! Dort sitzt die Feenkönigin! Willst du nicht zu ihr hingehen?“

Da ging das kleine Mädchen zu der Feenkönigin und sie musste an einem Springbrunnen vorüber, der sprühte Silbertropfen auf ihr Kleid und auf ihr Haar.

Als die Feenkönigin die kleine Müllerstochter sah, erhob sie sich von ihrem Feenthron und sagte:

„Schön, dass du da bist, Kind. Willst du nicht hier bleiben und mit den anderen Kindern und den Puppenpferdchen spielen?“

Die Feenkönigin vom Jauerling hatte eine silberne Stimme, und alles war so schön, dass dem Kind bang wurde. Da sagte die Feenkönigin: „Hab keine Angst! Ich weiß, was du suchst. Du suchst das Kräutlein Widertod. Das kannst du auch haben, es wächst in meinem Garten, und es blüht sogar heute, weil Vollmond ist. Aber wenn du lieber für immer hier bei mir bleiben willst, bist du herzlich willkommen.“

„Ich würde gern hier bleiben“, sagte das

Mädchen. „Aber ich kann's nicht. Ich will das Kräutlein Widertod haben und es meiner Mutter bringen, damit sie gesund wird."

Da sagte die Fee nicht: „Du bist aber ein braves, gutes Kind", und sie gab der kleinen Müllerstochter auch kein einziges Stänglein des Krautes Widertod. Die Fee verschwand einfach. Und der Garten verschwand und der silberne Zwerg und der Mond auch.

Das kleine Mädchen erwachte.

Die Sonne schien durchs Fenster herein, und das kleine Mädchen war traurig, so traurig! Es hatte ja das Kräutchen Widertod nicht mitgebracht!

Aber da ging die Tür auf, und die Mutter kam herein und ging zum Bett und umarmte ihr Kind und sagte: „Ich bin wieder ganz gesund! Mir hat heute Nacht geträumt, du hättest mir das Kraut Widertod geholt, und das hat mich gesund gemacht."

Da antwortete das Mädchen: „Ich war oben bei der Feenkönigin."

„Ich weiß", sagte die Mutter. „Ich war auch heute Nacht oben. Ich hab dich doch zurückgeholt!"

„Ja", sagte das kleine Mädchen. „Und ich bin so froh!"

Die Rache der Franzosen

Als die Franzosen im Jahr 1809 durch Schwarzenbach an der Gölsen zogen, verschanzten und versteckten sich etliche Bauern, besonders die auf der Kreisbacher Höhe, im Gesträuch und hinter Felsen und warteten dort auf ihre Feinde. Und als dann ein Trupp Franzosen kam, die Gewehre über den Schultern, müde vom Kämpfen und nur bedacht, bald ins Ruhelager zu kommen, schossen die Bauern aus ihren Verstecken hervor und töteten viele der feindlichen Soldaten. Der Geißelhofer und der Bromberger schossen allein zwölf Franzosen nieder. Die toten Feinde wurden heimlich im Wald verscharrt. Gleich darauf kamen aber frische französische Truppen. Die haben den Geißelhofer mit der Schaufel erwischt, als er gerade einen toten Franzosen vergrub. Sie banden ihn an ein Pferd, und der Geißelhofer wurde so bis St. Pölten geschleift und dort erschossen.

Den Bromberger haben sie nicht entdeckt, der kam davon.

Der Krieg war schon lang aus, und der Bromberger dachte immer seltener und eines Tages gar nicht mehr an die unseligen Taten, die damals geschehen waren.

Das war in einer Weihnachtsnacht.

Er hatte aus dem Franzosenkrieg eine Beinverletzung heimgebracht, die es ihm schwer machte, weit zu gehen. Als er nun wieder einmal nicht zur Christmette ins Dorf hinuntergehen konnte, wie die anderen, blätterte er in einem Kalender und erinnerte sich, wie das Wetter in diesem vergangenen Jahr gewesen war, und überlegte, was und wo und wann er etwas anbauen würde im nächsten Frühjahr. „Im Frühjahr gehört dann auch das Dach gerichtet“, dachte er und sann noch über allerhand anderes nach, sodass er noch wach saß, als er die Mitternachtsglocken vom Dorf her läuten hörte.

Kaum war der letzte Schlag verklungen, hörte der Bromberger draußen vor dem Haus Schritte und wie sich jemand vor der Tür den Schnee abputzte, und noch einer und noch einer und noch welche – und dann flog die Tür auf.

Herein kamen die zwölf toten Franzosen. Sie kamen nicht als zwölf Gerippe, nein, sie kamen lebendig. Sie hatten zwar ihre Stiefel abgeputzt, aber ihre Uniformen waren noch voll von dem Dreck von damals, und sie selber sahen noch müder aus als damals.

Aber sie schritten stramm zur Tür herein, mit aufgepflanzten Gewehren, stellten sich um den Tisch, an dem der Bauer saß, stießen mit den Gewehrkolben auf den Fußboden und blieben dann reglos stehen. Ihre verglasten Augen starrten

den Bauern an, und das war schrecklich. Denn wenn sich die toten Feinde jetzt auch nicht mehr regten, so durchstachen sie ihn doch mit ihren Blicken, dass er dachte, er müsste gleich sterben. Er starb aber nicht. Er wagte nicht sich zu rühren, er wagte nicht einmal die Augen zu schließen, er musste das Schreckliche anschauen und fühlte plötzlich, wie das sein muss, wenn einem das Herz zu einem Klumpen Eis wird.

Das alles dauerte eine volle Stunde. Endlich schlug es eins und die Franzosen wandten sich von ihm ab und marschierten zur Tür hinaus, alle zwölf.

Der Bromberger saß da mit glasigen Augen, und so saß er, bis es draußen hell wurde von den Laternen, mit denen seine Angehörigen heimkamen. Er konnte sich erst wieder rühren, als seine Frau sagte: „Du bist noch auf, Vater? Ja warum denn? Ist was geschehen?“

Aber er konnte nicht darauf antworten, weil er dachte: „So was kann man nicht erzählen, das glaubt einem doch niemand.“

Warum ein Bauer auf den Hexenberg ritt

Ein Bauer und eine Bäuerin aus Deutsch-Altenburg lebten gut und friedlich miteinander in ihrem Häuschen. Tagsüber tat jeder seine Arbeit, und am Abend saßen sie oft am Tisch und redeten über das Wetter und über ihre Kinder, die schon erwachsen waren und ihre eigenen Wege gingen, oder sie redeten nicht und nickten einander mitunter freundlich zu, und dann gingen sie schlafen.

Nur bei Vollmond war das nicht so. Da wurde die Bäuerin unruhig und sagte zu ihrem Mann: „Geh doch schlafen, mein Lieber, du siehst so müde aus.“ Wenn sie das sagte, fühlte er immer eine unüberwindliche Müdigkeit und antwortete: „Ich bin wirklich müde!“, und ging zu Bett.

Einmal war wieder Vollmond. Die Frau sagte: „Geh doch schlafen, geh doch endlich schlafen“, und vergaß zu sagen: „Du siehst so müde aus!“

Da wurde er nicht müde, aber er merkte, wie ungeduldig sie war. Sie ging zu ihrem Besen hinüber und sagte zu ihrem Mann: „Warum gehst du denn nicht endlich schlafen?“, und der Besen zuckte in ihrer Hand. Da wurde dem Bauern unheimlich, und er murmelte: „Ich geh ja schon!“, und ging in die Schlafkammer. Aber er legte sich nicht zu Bett, sondern blieb an der Tür stehen und guckte durch den Türspalt und sah, wie seine Frau den Besen zwischen ihre Beine nahm und dazu sagte: „Auffi! Aussi!“, und – hui! – beim Rauchfang hinausflog.

„Sie ist eine Hexe“, sagte der Bauer zu sich selber. „Freilich, bei Vollmond reiten ja die Hexen auf den Hexenberg!“

Er war sehr erschrocken, aber er hatte seine Frau gern und dachte: „Da hat sie wer verlockt. Wer weiß, was ihr geschieht! Ich muss sie zurückholen!“ Er grübelte über den Spruch nach, den sie gesagt hatte, und als er ihn hatte, suchte er schnell den zweiten Besen, der im Haus war, nahm ihn zwischen die Beine und murmelte: „Auffi! Auffi! Auffi!“, und schon flog er gegen die Decke. Er stieß mit dem Kopf oben an und fiel mitsamt dem Besen auf den Fußboden. Er versuchte es noch einmal. Aber weil er sich nur den halben Spruch gemerkt hatte, und nur „Auffi! Auffi!“ murmelte, flog er nicht hinaus, sondern immer nur mit dem Kopf gegen die Decke. Da stellte er den Besen zurück und legte sich zu Bett.

Seine Frau kehrte vor Morgengrauen zurück und legte sich neben ihm nieder.

Als ihr Mann am Morgen erwachte, fragte er sie nichts. Seine Frau lag so lieb und friedlich neben ihm, dass er wieder denken musste: „Da hat sie wer zur Hexerei verlockt. Ich muss sie retten!“

Als das nächste Mal der Vollmond schien, sagte er, bevor sie sagen konnte, er sei müde: „Ich bin heute so müde. Ich geh schlafen."

Er sah, wie vergnügt sie darüber war, und ging in die Schlafkammer und schaute durch den Spalt. Und sah, wie sie zu dem Besen ging, und hörte die Worte: „Auffi! Auffi! Aussi! Aussi!"

Diesmal merkte er sich den ganzen Spruch. Kaum war sie fort, holte er sich seinen Besen, sprach das ganze Sprüchlein und sauste ihr durch den Rauchfang nach.

Das war eine Fahrt! Von allen Seiten kamen Hexen auf Besen geflogen, und alle flogen sie gegen den Hexenberg zu.

Der Bauer klemmte den Besen fest zwischen die Beine, nahm sein Halstuch, band es sich wie ein Kopftuch um und hoffte, niemand würde ihn erkennen.

Es erkannte ihn auch keiner.

Und alle flogen sie zum Hexenberg gegen Hainburg zu. Auf dem Hundsheimer Berg, wie der Hexenberg auch heißt, stand ein langer Tisch voll Speisen. Da konnte er nicht anders und setzte sich auch an den Tisch und langte fröhlich zu.

Dann begann der Hexentanz. Der Bauer musste mittanzen. Aber es gefiel ihm recht gut. Eine Menge Katzen waren auch da. Die machten Musik.

Als der Mond unterging, nahm jede Hexe ihren

Besen, murmelte etwas und ritt heim. Auch der Bauer nahm seinen Besen, aber er wusste nicht, was er murmeln sollte. Denn den Spruch zur Heimkehr kannte er ja nicht!

Da musste er zu Fuß heimgehen, den ganzen Hexenberg hinunter, und dann noch den langen Weg bis nach Deutsch-Altenburg.

Die Sonne war schon aufgegangen, als er heimkam. Seine Frau stand im Gemüsegarten und goss die Petersilie. „Guten Morgen“, sagte sie. „Wo warst du denn so lang?“

Da konnte er nicht anders und sagte: „Ich war auf dem Hexenberg. Ich bin dir nachgeflogen. Aber nachhause musste ich zu Fuß gehen. Ich hab den Spruch nicht gewusst.“

„Wenn man wieder nachhause fliegen will, muss man zum Besen sagen: Zhaus! Zhaus!“, sagte die Frau. Dann redeten sie noch eine Weile hin und her, und am Abend redeten sie über das Wetter und über die Kinder oder sie redeten auch gar nicht und nickten einander nur hie und da zu und waren zufrieden und gingen schlafen.

Beim nächsten Vollmond sagte die Frau nicht: „Du bist müde, geh doch schlafen!“, sondern sie holte alle zwei Besen und fragte: „Willst du mitkommen, mein Lieber?“

„Gern, meine Liebe!“, sagte er. Und dann flogen sie vergnügt miteinander auf den Hexenberg.

Die Wetterliese vom Ötscher

Einst war eine große Trockenheit im Ötscherland. Das Gras auf den Wiesen wurde braun, und die Ähren auf den Feldern vertrockneten, ehe die Körner noch reif waren. Eines Tages stieg der Bauer Veit ein Stück auf den Ötscher hinauf, um Ausschau zu halten, ob sich nicht irgendwo Regenwolken zeigten. Der Himmel war strahlend blau, nirgends war auch nur das kleinste Wölkchen zu sehen.

Wie er so stand und schaute, hörte er plötzlich eine Stimme, die „Hilfe! Hilfe!“ rief. Er ging in die Richtung, aus der die Rufe kamen, und fand eine alte Frau auf der Erde sitzen. Die sagte zu ihm: „Ich hab dich gerufen, damit du mich zum großen Wetterloch trägst. Ich bin alt und kann nicht mehr so weit laufen.“

Wie sie das sagte, fiel dem Bauern ein, was jeder im Umland wusste, aber doch nicht recht glaubte: Wenn man in das große Wetterloch auf der Westseite des Ötschers Steine hineinschmeißt, kann man ein Gewitter aus dem blauen Himmel holen.

„Trag mich schnell hin“, sagte die Frau. „Sonst verdorrt die ganze Ernte.“ In ihrer Stimme war was, dass er nicht anders konnte, als sie zum großen Wetterloch zu tragen.

Als sie dort angekommen waren, fragte sie ihn: „Kennst du mich nicht mehr, Veitl? Du warst noch ein Bub, als sie mich aus dem Ort verjagt haben. Erinnerst du dich nicht mehr an die Wetterliese?"

„Ja freilich", sagte er erstaunt. „Du bist die Wetterliese! Meine Mutter hat mir damals erzählt, dass du Wetter machen kannst. Kannst du das wirklich?"

Die Wetterliese antwortete auf diese Frage nicht, sondern bückte sich mühsam. Sie hob ein paar Steine auf und warf sie in das große Wetterloch.

„Komm, Veitl!", sagte sie. „Jetzt suchen wir uns einen Unterstand."

Der Bauer folgte ihr zu einer Felsennische und die beiden setzten sich hinein. Kaum waren sie dort, brach der Regen los.

„Und wo warst du die ganze Zeit, seit sie dich weggejagt haben?", fragte der Bauer.

„Bei den Berggeistern", antwortete die Wetterliese. „Damals hab ich mich in einem der vielen Löcher im Ötscher verkrochen und wollte dort sterben. Denn ohne Heimat wollte ich nicht mehr leben. Und wie ich mich zum Sterben hinleg in der Finsternis, sehe ich was glitzern. Es war die Schnalle vom Gürtel eines Berggnoms. Weil ich weiß, dass ein Gnom, der seine Gürtelschnalle verliert, sich nicht mehr unsichtbar machen kann, hab ich laut gerufen, dass ich eine gefunden habe.

Im nächsten Augenblick war ein kleiner Berggeist da. Sichtbar natürlich, und der war mir so dankbar und die andern Berggeister auch. Sie haben mich getröstet und seither wohne ich bei ihnen und weiß schon gar nicht mehr recht, ob ich nicht vielleicht selber ein Geist bin. Aber immer wenn draußen die Trockenheit kommt, merk ich es und mach mich auf zum Wetterloch und schmeiß Steine hinein. Ich will nicht, dass die Felder und Wiesen und der Wald büßen müssen, was Menschen mir angetan haben. Der Ötscher ist voller Zwerge und Geister", sprach sie weiter. „Und nicht nur voll guter. Es gibt einen See, Veitl, zu dem kann man von außen gar nicht hinkommen. In dem schwimmen Seelen."

„Seelen?", fragte der Bauer.

„Ja", antwortete die Wetterliese. „Im Pilatussee schwimmen büßende Seelen herum. Sie schauen wie Fische aus und sie sind blind und stumm. Es sind die armen Seelen von Geizhälsen und Wucherern. Und dem Pilatus seine ist auch da. Der Pilatusfisch muss büßen bis zum jüngsten Tag, weil er den Heiland verurteilt hat. Aber ich glaub das nicht recht. Der Heiland hat ihm bestimmt schon verziehen. Ich hab ihn lang nicht mehr gesehen, den Pilatus. Wahrscheinlich ist er schon erlöst."

Draußen rauschte der Regen.

„Es gibt viele Höhlen im Berg“, sagte die Wetterliese. „Eine heißt die Taubenhöhle. In die hat sich vor ewigen Zeiten eine Frau mit ihrem kleinen Sohn vor einem Krieg geflüchtet, die Gula. Die Berggeister haben sie behütet, weil sie sanft war wie eine Bergtaube und vielleicht auch, weil sie alle ihre Schätze, die sie vor dem Krieg gerettet hat, in das Geldloch im Ötscher geworfen hat. Die Berggeister bewachen die Schätze heute noch. Der kleine Sohn der Gula ist ein Riese geworden und in die Welt hinausgezogen. Doch seine Mutter wollte aus dem Taubenloch nie wieder ans Tageslicht hinaus.“

„Ja“, sagte der Bauer. „Aber du? Willst du zu mir und meiner Frau in unser Haus ziehen? Du hast unsere Ernte gerettet. Wir würden dich immer ehren und lieben wie eine Mutter.“

„Ich bleibe lieber im Berg“, antwortete die Wetterliese. „Und ich weiß ja auch gar nicht mehr, ob ich lebendig oder tot bin. Wenn aber einmal wieder eine große Trockenheit da ist und ich nicht mehr kommen kann, musst du zum Wetterloch gehen und Regen machen. Versprichst du mir das?“, und der Bauer versprach es ihr.

Ein paar Stunden später hörte es zu regnen auf und die Wetterliese sagte: „Jetzt geh heim, Veitl, sonst macht deine Frau sich Sorgen um dich!“ Da ging er heim. Die Wetterliese aber ging zu ihren Geistern im Berg zurück.

Das Burggeistlein von Kreuzenstein

Die Burg Kreuzenstein ist einmal zerstört worden. Das ist lange her. Im Dreißigjährigen Krieg haben die Schweden sie erobert und eine Zeit lang dort ihr Kriegsquartier aufgeschlagen. Bevor sie abzogen, im Jahr 1645, haben sie die Burg in die Luft gesprengt. Da lag sie in vielen Trümmern, und wenn noch da und dort ein Stück Mauer stand, war sie voller Sprünge, und der einstmals so feste Turm, der Bergfried, hatte grobe Risse, die Jahr um Jahr größer und breiter wurden.

Mehrere hundert Jahre lang hüpfte dort bei Mondschein ein kleiner Burggeist auf den Trümmern und Mauerbrocken der Burg Kreuzenstein herum. Er suchte überall die Risse und Sprünge in den Mauerresten und maß mit seinen winzigen Händchen ihre Breite nach. Wenn er fand, dass sich ein Riss oder Sprung auch nur um Haaresbreite vergrößert hatte, war er glücklich und maß gleich wieder nach, ob er sich nicht geirrt hatte.

Er hatte sich nie geirrt, denn die Burg zerfiel mehr und mehr.

Das Geistlein war der Einzige, der in der Ruine Kreuzenstein geblieben war. Alle anderen Burggespenster waren längst fortgezogen und hatten sich neue alte Burgen und Schlösser als Wohnsitz gesucht.

Das kleine Gespenst aber blieb in Kreuzenstein. Es dachte nämlich, dass die Burg Kreuzenstein gänzlich zerfallen würde, wenn es selber auch wegzöge.

Wenn es aber auf der Burg bliebe und wenn erst der Burgfried endlich gänzlich in sich zusammenstürzte, so hoffte das kleine Gespenstchen, würde jemand kommen und Kreuzenstein neu erbauen. Deswegen war es auch so glücklich, wenn es die immer breiter werdenden Risse im Gemäuer maß.

Und tatsächlich, das Gespenstlein hielt es so lange in der alten Ruine aus, bis die heutige Burg Kreuzenstein auf den Trümmern der zerstörten alten Burg errichtet wurde.

Das kleine Gespenst wohnt noch immer dort. Wenn der Mond scheint, spaziert es über die Mauern und Zinnen und Dächer der Burg Kreuzenstein, wie ein treuer Wächter, und ist glücklich und hofft, dass nicht wieder ein Krieg kommt, der sie zerstört.

Die Reihe **„Sagen aus Österreich“**, geschrieben von Friedl Hofbauer und illustriert von Dominic Groebner, enthält neun Bände in gleicher Ausstattung:

Sagen aus Kärnten
ISBN 3-209-03123-1

Sagen aus Niederösterreich
ISBN 3-209-03124-X

Sagen aus Oberösterreich
ISBN 3-209-03125-8

Sagen aus Salzburg
ISBN 3-209-03126-6

Sagen aus Tirol
ISBN 3-209-03128-2

Sagen aus Vorarlberg
ISBN 3-209-03129-0

Sagen aus Wien
3-209-03130-4

Sagen aus dem Burgenland
ISBN 3-209-03122-3

Sagen aus der Steiermark
ISBN 3-209-03127-4

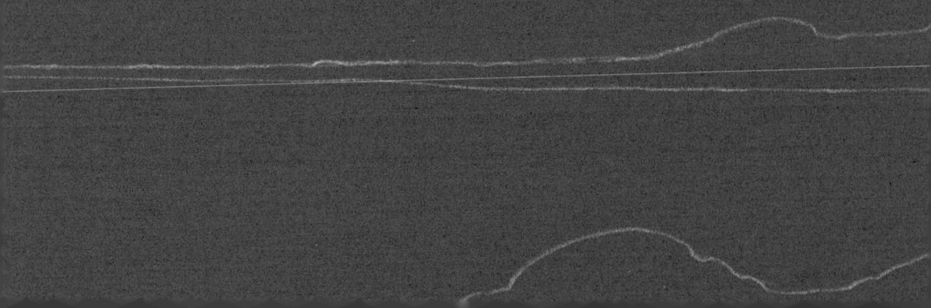